PAULA EINÖDER

AMARGO NEPENTE

SEGUIDO DE

PARA BÁLSAMO DE RUISEÑORES

Editorial Dilema
Madrid, 2024

Colección de poesía dirigida por Antonio Ortega

© Paula Einöder, 2024
© Editorial Dilema, 2024
Ibáñez Marín, 11 - 28019 Madrid
Teléfonos: 91 472 90 71 - 670 367 479
info@editorialdilema.com
www.editorialdilema.com
ISBN: 978-84-9827-661-9
Depósito legal: M-7632-2024

Diseño de Colección: María Pérez-Aguilera
Diseño de Portada: Esther Hernández
Maquetación: Toñi Riera Vales

AMARGO NEPENTE

by these angels he has sent thee
Respite—respite and nepenthe from thy memories of Lenore!
Quaff, oh quaff this kind nepenthe and forget this lost Lenore!
Quoth the Raven "Nevermore."

Edgar Allan Poe, **The Raven**

amargo nepente

amargo nepente
no suaviza caídas
por la soga rugosa de mi cuello
mientras recuerdo el olvido
y evoco este proyecto
de palabras y lágrimas
que la polilla
usó para flotar
en tanto aprendí a hundirme
como las raíces de una conífera
y los hongos que la nutren
voy así por los subsuelos del lenguaje
a la espera del dulce nepente
del río y sus plantas carnívoras
soy el cuervo, la boca y el vuelo
amargo nepente
el pájaro del pánico
bebe mis pensamientos
mientras olvido mi memoria
y no me acuerdo de la última vez
que el cuervo usó mis remos
para escabullirse
a la espera del dulce nepente

del río y sus acuíferos recónditos
soy la polilla, las alas y el hambre

In my craft or sullen art
Exercised in the still night
When only the moon rages
And the lovers lie abed
With all their griefs in their arms
I labour by singing light
Dylan Thomas

de oficio cantar

labor feroz de oficio
cantar la luz
igual que incendia
sus alas la polilla
al avanzar incauta hacia
la lumbre de su muerte
tareas de madre
que no conoce más
metal que doblarse
para dar a luz el canto
que no le pertenece
se escucha el nunca
jamás del cuervo
en su estático mármol

prefiero la muerte cierta pero brillante
de la polilla por el canto

Verrà la morte e avrà i tuoi occhi
Cesare Pavese

vendrá el cuervo

pero vendrá el cuervo
y tendrá tus ojos
tengo que escaparme
rápidamente por los intersticios
del insomnio
no apagaré la vela
hasta que la última luminaria se derrita
candelabro del azar
no podrá extinguir
la luz que nunca se apaga
los caminos no pueden anticipar mis pasos
busco borrar borrar
no quiero que me persiga
tu pico neurálgico
pero vendrá el cuervo
y tendrá tus ojos

raíz errante

es mi tragedia que puedo volar
pero no lo sé
una raíz errante
un barco con alas
mi cuerpo cubierto
de pelo con escamas
soy mamífero o pez
sin tierra ni territorio
una sombra oscura no me abandona
pero si escribo una línea
solo una me habré librado
de la imperturbable tabula rasa
que no me salva

tertulia

el bosque volvió
pero no los árboles
la esperanza de la soga
sobrevuela el claro
en esta nada no encuentro mis pasos
me buscan y siempre me hallan
en la tertulia de los asuntos interiores
nunca volveré a pisar
tan delicadamente mi fracaso
el bosque volvió
pero no los árboles
la arena del tiempo viene con agua en la boca
duele la garganta de no gritar
dame la soga ya
nunca volverás a pisar
tan bruscamente mi tibio regazo

ceguera de luz

lámpara de ceguera
voy hacia la luz
la polilla no sabe
de su pérdida efímera
inminente desvarío
y pienso si será por eso
que escribo del revés al derecho
todos los pequeños animalitos
que vagan noctámbulos
por el piso de mi casa
cada noche entera
los quiero pisar
soy grande y ellos diminutos
oh mi venganza
la polilla vuela torpemente
hacia la luz
la espero cada madrugada
no quiero sus larvas
alimentándose con mis vestidos
no obstante sigue acercándose
la misma polilla la otra
qué fácil es morir
despliegue de alas ambarinas

cuarto encandilado
noctilucas fermentándose
solar donde planto mis semillas
cultivos para nadie
con apetito de escapar
la polilla avanza crédula
como yo
tan femenina y roja
qué fácil es morir
música de bálsamos
para componer mi peor canción
y no me sale nada
nunca tuve un pensamiento
jamás escribí un poema
mientras tanto soy la polilla
que tanto matas
que tanto mato
porque morir es fácil

Dying
Is an art, like everything else
I do it exceptionally well
Sylvia Plath

si morir no es un arte

si morir no es un arte
que practico
excepcionalmente bien
si la muerte
no es un atajo
para encontrarnos
en el jardín
si fallecer no es la rosa
de cera
que florece y agoniza
entonces solo
me queda renacer
el bautismo de fuego
en mis manos está todo
nadie podrá decir
que no lo intenté
nada será posible

si quemo mis alas
maldición de la polilla y del cuervo
si había que pelear
el molde fue mi tregua
si tenía que salir
entrar fue mi partida
si debía ser recto
cóncavo fue mi ángulo
maldición de la polilla y del cuervo
porque morir es un arte
que no practico
excepcionalmente bien

disforia

en la dificultad de la disforia
no encuentro mi cuerpo
en las celdas del panal
sí, te quiero por eso
hoy decidí anoche
dormir abrazada conmigo misma
por si acaso me encuentro del otro lado
entonces tiene sentido sentirse
sí, te quiero por eso la díada infinita
de escribirme entera
sin suscribirme a ningún
renglón solo las líneas
invisibles me sirven
para ir hacia nosotros
sí, te quiero mientras tanto
la polilla tan pequeña
quiere mi nombre
devora mi ropa
la dejo no la dejo
un dúo se anticipa siempre
porque la música empieza
cuando termina el silencio
sí, te quiero aun cuando mi malestar

no sea bien visto
no importa
mi espalda no necesita de guardas
ni mis pies vuelan para tener alas
en cambio me gusta lo amarillas
que están mis antenas
cuando de pronto se vuelve
evidente y claro
la simbiosis entre mi mano y mente
un poema porque sí, te quiero

cercanías letales

así se va bien lejos la polilla
el cuervo se le acerca
los recuerdos los fabrico
y el resto según las circunstancias
yo soy yo y mis cuervos
pienso luego cuervo
la polilla en cambio canta
a sus alas miopes
la fuga hasta deshacerse
en cercanías letales
pero insiste insiste
el cuervo destruye
los documentos inoportunos
que cuelgan de su pico

tierra bajo los pies

como Alejandra y Cortázar
como Sylvia y Al Alvarez
como Anne y Doctor Martin
seremos así nosotros
tan cerca tan lejos
mientras la música me absorbe
me atrapa me lleva a otro espacio
mi cuarto propio un barco
que zarpó de Hamburgo
hacia un puerto y luego a otro
nunca tuvimos tierra bajo los pies
y tú y yo
tan lejos tan cerca
tres puntos sirven
para coser el amor

misma llave

la puerta de la memoria
y la puerta del olvido
tienen la misma llave
me descubro con pies purificados
cuando la tierra
abre sus surcos
no dejaré que el ave
de mal agüero
tome las semillas de mi semblanza

cascanueces de plumas

entro a la habitación
ya está el cuervo
robando la luz
no podrá separarnos
la oscuridad se escurre por los goznes
intento coserme las alas
guardar cada filamento
de mi proyecto de aeroplano
se acerca el cascanueces
de plumas luminosas
no podrá tocar mi vuelo
aunque solo sea
en mi mente
soy el insecto más libre

la fuente de su trance

el cuervo me invita a bailar
alas de limón efímero
pequeña polilla del canto
en danza hacia la luz
el cuervo no lo entiende
se quema en la muerte iluminada
toda la memoria es del cuervo
esa estrofa no impide a la polilla
acercarse a la fuente de su trance
no apagaré esa vela
la luz de mi torpeza
se me cae un plato de las manos
todo el olvido es de la polilla

música de relojes

el último vals
entre la sombra y la luz
música de relojes
el tiempo gotea
dentro de una nota
tú pájaro del recuerdo
elefante de las aves
yo insecto del olvido
ratón de las mariposas
tú robador de los sueños
espejismo de dormir
yo guardiana del insomnio
vela de la lucidez
mientras me imagino un reloj de música
el primer vals
entre la luz y la sombra

pies de niña

alma antigua pies de niña
los escarabajos negros
uno a uno se avecinan
me ven pero no los veo
se suben deseo cruel
de morir en el suelo

hiperbordada

ando hiperbordada
con los alfileres que no pinchan
el zurcidor ha partido
y no me encuentra
cuántas veces me pierda ya no importa
vendré una y otra vez a tu entrada
pero no tocarás
pero no tocarás
pero no tocarás

mi cuerpo

el deseo viaja
agua y nave
vasija y líquido
secretamente caigo
en mi cuerpo

la luz que menos ilumina

vengo por la entrada del recuerdo
a buscar el anillo que nos une
es un bosque de memorias
y un árbol de añoranza
la luz que menos ilumina
no es la roca
que se hunde en el río
sino esta piedra
en mi bolsillo
que quiere escapar
me da tristeza el cuervo
ladrón de mis visiones
mientras muere cada día
la misma polilla
doble de mi ser

camino de retorno

a mi casa no vuelvas
cuervo
el camino de retorno
rompió mis alas y miro
cómo se apaga tu sombra
esta vez el fuego
que nos quema
nos dará calor
buscaré los leños en mi hogar
más próximo
haré un hueco suave
en las cercanías
subiré hasta la lámpara
que sostiene mi mesa de luz
la fuga me queda al irme
cuando te vas
a mi casa no vuelvas
cuervo

In my end is my beginning
T.S. Eliot

materia revelada

tengo que finalmente
dar por concluido
decir hasta aquí llegué
el firmamento tiene espectros
que me nombran
sin poderme expresar
necesito mucho
tanto no pueden un par de alas
briznas del pensamiento
que no quiere morir
apago mis ojos un poco
luego un poco más
pronto tendrá sentido este viento
que mueve mi cuerpo
materia revelada
revelación a la vista
empiezo donde termino

Laura Martínez Coronel, *In Memoriam*
1965-2020

metamorfosis permanente

no le des leche a tu árbol
si no quiere germinar
en vez percibe sus semillas
subiendo por tu tronco
fuiste el primer árbol que corrió
para echar raíces
ahora yo estoy sola
quitándote una a una
las cáscaras de tu corteza
tú serás el laurel siemprevivo
de mi jardín
nadie nunca fue directo a tu savia
excepto este rayo sin aire
que no podrá callar tu nombre
voy con el trueno
y escucho cómo cambias
en tu metamorfosis permanente
al otro instante sigues siendo tú
atravesaré los espejos del tiempo

hasta que nos encontremos de nuevo
en el espacio laureado
serán ceniza
polvo serán
viva siempre
perenne planta
ensimismada que del limbo
nos salvas

PARA BÁLSAMO DE RUISEÑORES

Nota aclaratoria: **para bálsamo de ruiseñores** fue publicado por Yaugurú Editorial en Montevideo, 2021 y ganó el Tercer Premio de Poesía en los Premios Nacionales de Literatura del Ministerio de Educación y Cultura, Uruguay, 2022 en la categoría Poesía Obra Édita.

Voy con el agua entera
llena de pechos vivos y rumores;
la mansa, la viajera
de los largos temblores,
la de los infinitos ruiseñores.

Sara de Ibánez, **Canto,** 1940

Prólogo

La obra de Paula Einöder es el largo camino de una joven pero experimentada poeta, que escribe con la misma necesidad vital con que respira. Allí donde la extensa ruta de la poesía se cruza con la realidad, *"no pido disculpas por volar"*, nos dice la voz lírica que se desprende de estos textos, intentando compartir esa capacidad de despegue, esa *"canción vertical de horizontes"*. Pero la originalidad de este nuevo poemario de Einöder no se apoya de modo exclusivo en su versificación ni en su rico vocabulario, sino también en la actitud con la que los textos van armonizando nuestro tiempo con lo universal. Desde ese lugar, surge un acento original, diáfano, musical y profundamente concreto, donde la palabra, intuitiva y estratégicamente ubicada, parece sumergirse en una hondura calma y difícil de medir. El valor del discurso y la forma labrada sobre el núcleo del mensaje, dirigido sobre la humanidad y su destino, cobran fuerza a medida que nos internamos en *"para bálsamo de ruiseñores"*. En ese entorno, lo metapoético salta con rapidez: *"si la canción no es de nadie /entonces será mía"*, y es allí, en ese hacerse cargo del texto, donde venciendo una tentación recurrente, Paula Einöder trasciende la palabra en referencia exclusiva a lo literario. Desde su reconocido oficio, la poeta conoce los peligros de explicar el bosque. Por ese motivo, para salirse de sus muros, de los muros humanos, de nuestros muros, la voz representada por la autora desconfía sanamente de la línea recta como camino poético. Sabe de una mirada que recree lo cotidiano, sacudiendo todas las cegueras que esto conlleva. Aquella máxima medieval, donde se sostenía que era necesario vivir antes de filosofar, parece ser una de las piedras fundamentales de la poesía de Einöder. La naturaleza intrínseca del dolor y del placer, hemisferios de un mismo rostro, algo que conocen por experiencia propia los seres humanos, constituye la base de una expresión poética que apela a la economía de lenguaje, a un pensamiento preciso, utilizando para ello una poesía que decide creer en sí misma, al punto de animarse a decirlo todo. Bienvenido entonces este "bálsamo", para seguir disfrutando la obra de quien tal vez sea la más importante poeta joven de nuestro país.

Gustavo Esmoris

PARTE I

oda al arabesco

cardumen de pájaros
en vuelo acuático
enjambre de epitelio
a danza sincronizada
buscan el huevo en la oda al arabesco
yo misma me transformo
en bosque de bajo fondo
yo también me arranco escamas
a velocidad crucero
yo sola me arrojo plumas
de anzuelo en picada
entonces escucho el canto sin fin
en esta argamasa latente
y compruebo cómo arder
en agua muerta trae aire vivo
para bálsamo de ruiseñores

arte poética

destilar gota a gota
el oloroso aceite de la mirra
pasar el áspero idioma
por el alambique del fuego
hacer puntería
en la diana del destino
trenzarse a golpes
con los hilos de las tres hilanderas
para que se decante
para que recite afilado afinado
en el borde del canto
en la visceral savia del decir
desanudando el tronco de las ramas
la raíz de la copa
tanteando el territorio
para que hable el hada
para no dormir al compás del huso
tela que me zurce y descose entre bastidores

amatista

barco de cuarzo
piedra en caída libre
laberinto líquido sin centro
se han ido las algas
a hacer verdes sus canciones
no son quimeras
esas alas de albatros
no son espejismos
esas cuerdas de música
aguas de navío
mares que navegan
barco de cuarzo

hadal

fatiga crónica
de párpados deshojados
perdí el buque en cubierta
me puse la escafandra invisible
no hay luz en los hadales
cabizbaja buceé
tragándome toda el agua
la rosa no es una rosa
no es una rosa
no es una rosa
si ahogo mis ojos de muerte submarina
y desaparezco completamente
por los tubos de desagüe
que me llevan a la caída sin fin
de un mágico hasta dónde

in situ

fruta laberíntica
en vendimia de jugos verticales
máquina para exprimir los sueños
bebo la cadencia de mi sed
si no existe el hilo
Ariadna conviértete en laurel
si no existe el río
Dafne conviértete en araña
si no existe el mito
Aracne conviértete en corona
laberinto frutal
arboledas de cuerpos horizontales

larvas

pondré las larvas en remojo
para que piensen un poco
las mariposas en lo que fueron
no mancillaré los cuartos de penumbra
la oscuridad de la crisálida
nonata me ampara
dibujaré en las barbas del árbol
mi cuerpo hecho de imágenes
cualquier semejanza
es pura coincidencia
paisaje de ensueño
movimiento rápido de ojos
fuga onírica
rapsodia del silencio
pondré las larvas en remojo
para que piensen un poco
las mariposas en lo que fueron

desembocadura de tajo

jirafa de alturas umbilicales
átame al cuello esta cuerda
así te veo mejor
salen animales de mi arca
pero todos van solos
a caer al mar
déjame que me ahogue
con el aire del agua
placentera asfixia de flotar
suelta ya esos pájaros de veletas
que no se puede medir
el viento con el vuelo
las alas son de hule
cuando se derrite
el ulular felino de la brisa
corta ya el cordón
así nacemos
oficio del poeta
dejar de bruñir el metal para que brille
el hueco de la luz oculta
loco globo del ánima
pesada flor de helio
en desembocadura de tajo sin final

mercator

yo soy mi peor laberinto
madeja de Dédalo enmarañada
tela de araña puesta en abismo
señor de los péndulos horizontales
ven a buscarme en donde todos
los puntos son equidistantes
sácame la brújula de los vientos
empápame de lucidez lúgubre
entretanto me abro camino
a través de esta soga desmembrada
que elucubra sones y olvidos
en la puerta sin esperanza
de un fauno que olvidó el hilo

por no jugar

este letrado insomnio
este universo letrado
donde mojo mi inconsciente en agua de flores
el río no se baña dos veces en la misma agua
encontrados sin habernos perdido
el averno tiene un no sé qué infernal
el este del edén no es este paraíso
coordenadas para un nolugar
quizás cada letra tenga un color
cada color una letra
alfabeto para escribir
las lecturas del ánima
el salto no es necesario para caer
subimos montañas abisales
en mares de cal y canto
una tirada de azar
no abolirá los dados

supernova

soy una bolsa nodriza
me subo a la nave de agua
paseo por el único espacio eterno
el tiempo vino a quedarse
soy flor de esta ánfora
supernova de diamante
junto a los árboles donde broto
te veo dentro de la filigrana
soy ruedo de cantos
piedras para salir a flote
si fuera posible roerme de sépalos
en instante de ciclamen encendido
soy ardiente nervadura
cáliz sensitivo de encuentros
navío de insectos me atraviesan
no pido disculpas por volar

transeúntes del mal sentido

alquimista de barro alfabético
alfarero de metal órfico
la lira de versos convierte
en pájaros las cuerdas
en isla admirada sueños intempestivos
el tesoro empieza en los ojos
electrónica Electra de las maravillas
tubo opalescente
caníbales de la lengua
devoradores de la madeja
en árbol de letras
cada rama agita el piélago empalabrado
de barcos escribidores
transeúntes del mal sentido
el poema o no el poema
esa es la canción

estómago del laberinto

y solo así sabrás lo que es meterse
en el estómago del laberinto
quitarte el arnés en esta argamasa
aparejar el tinglado de exequias
profundizar tus escamas de bestia
desde lo hondo del túnel
solo queda este trazado obsoleto
pero nunca la cuerda de manjares
jamás las migajas del filamento
tampoco el circunloquio
en malla de molino
ni apalabrando tierra
se crean los surcos del verbo anclado
finisterre en las sílabas
pellejo de estrofas en cinta aislante
el poema cumple su sed de coplas
astillero de barcos peregrinos
varado en vientre sin escapatoria
no saldrás de esta manivela oscura
penoso desvarío
el hilo fue devorado en las fauces
del monstruo encapsulado
tieso en el corredor

oblicuo de bisagras
no se desatarán
las membranas ni florecerá el agua
y solo así sabrás lo que es meterse
en el estómago del laberinto

canción vertical de horizontes

arañar la tierra para que crezcan brotes
en esa herida me entroncaré
con el bosque cansado de pájaros
las palabras no pedirán permiso
el gato con alas tendrá listas las semillas
plantaré los surcos plenos de potencia
pequeña música de una pieza que respira
entonces crecerá el árbol
canción vertical de horizontes

cuerdas vitales

con pena pero cantando vengo
si la canción no es de nadie
entonces será mía
me la coloco en las cuerdas vitales
para invocar música de glicinas
el canto de los azahares en flor
la pena se desnuda en el pentagrama
tararea las notas del bosque
zumbidos y escamas llenan de infancia
la rayuela donde ruedo
crepúsculo de barco
guitarra de gusanos de seda
admirada isla de náufrago
tejiendo la pena con textura
oruga brota en ovillo
me abarca un pergamino de animal rojo
pandereta en busca del sentido
tristeza de piedra hasta la savia
acabados los atajos tengo el signo
melodías corporales en tanto
con pena pero cantando vengo

nombre de vida

encuentro que estamos unidos
en el tallo de la existencia
con raíces de barco peregrino
con corola de flor en movimiento
la belleza es terrible cuando se va
y nos deja desnudos de tiempo
vemos a través de ojos de niebla
todo detenido
todo vacío
la muerte vino a darnos
nombre de vida esta noche
mientras tanto soy valiente
la lluvia me asfixia pero respiro

melodía del aguacero

si pudiera abrazarme a través del espejo
tejer las estatuas de la melancolía
que me descose
subir en la sal del mar los costados
de las olas innombrables
apagarme de luces hasta brillar
en la bóveda del sueño
si pudiera barajarme como cartas del olvido
abrirme paso en la caldera que me baña
agotar los crepúsculos que me llaman
tengo en el ser los relojes del pulso
la flor que se tiñe de cuarzos
voy a habitarme como una casa en ciernes
quizás me encuentres donde siempre estuve
donde jamás las horas nos han dejado de latir
donde el aire es un pájaro de rocío
aprovechemos la melodía del aguacero
y entonces seremos aves de espacio
en clave de nosotros
tocaremos la música de la escritura
cuando menos se lo espera
tanto oído abierto
me hacen susurrar las voces del tiempo

no nos iremos jamás de este bosque de signos
porque somos la madera
que hace versos de iluminada corteza

once

lluvia de endecasílabos de lluvia
porque la lluvia está llena de onces
llueven números de gotas y gotas
de números se llueven en mi pelvis
endecasílabos de lluvia surgen
calan el fondo de mis huesos secos
lluevo muevo mis mares de mar lluevo
mar de sílabas once mares entran
en once sílabas llueve mi pelvis
no seco mi mojado mar de once
sílabas silvas gotas de once huesos

médula de puente

en el borde de la noche
se teje el bosque adormilado
quiere que yo lo despierte
en las savias calientes que me convocan
sorbo las raíces
del árbol primigenio
del primer árbol
del árbol caverna
en el nacimiento de los hilos que amamantan
soy toda redondeces
mientras me convierto en alfarera
de arcilla alfabética
escribo en sílabas los sonidos sinuosos
de la arboleda
sinuosas sílabas sonidos sibilantes
construyo los pulsos en médula de puente
en mi febril intento
de dar a luz el tejido
que me desnuda
en vestiduras de versos invisibles
subo profundamente en cáscaras
de naranjas dulcísimas
como la ambrosía de la rosa

musa de las espinas
que rasgan mi pelvis
para que me veas entera y genuina
nacida a partir de tu mirada que irrumpe
en el borde de la noche

navegante de lo invisible

soy una especie de buscadora
navegante de lo invisible
los que están no se fueron
cuando el dinosaurio y el poema
eran el mismo fósil la misma roca
la palabra un pergamino móvil
que se te aparece en sueños
para que descifres el código
del vegetal más suave
del mineral más denso
del animal profundo
y en estos circunloquios
donde veo cada pesadilla
sin su interruptor
atravieso el bosque oscuro
sin sus correspondencias
estoy en la búsqueda imprescindible
para entrar dentro de la cerradura
que perdió su puerta
solo así quizás desdoble mi barco
tenga sentido mi espejo transparente
gire interminablemente en los relojes
el tiempo sea cáliz de tantos árboles

la raíz única en el surco
de la semilla cíclica

Belvedere

sobre *Belvedere*, de M.C. Escher, 1958

barco que flota sin agua
cubo imposible
veo el Belvedere sin mirar
la escalera va de afuera hacia adentro
el espacio no tiene ángulos rectos
el preso no podrá salir de su celda
cada naciente pide un río
caen las montañas para subir
tengo opaca la vista de tanta luz
los hierros derretidos
subo a la casa subterránea
se ve más alto en las profundidades
acumulo muchos rostros en el espejo
Narciso se ahoga en sus ojos
y el lago me surca con flores de Loto
encuentro muy sutil las alas sin pájaro
y el canto del mar sin notas
tengo toda el agua pero ningún recipiente
entonces inmutable allí estuvo la casa admirada
pero sin Miranda

el infeliz valiente mundo
la memoria antes que el olvido la rodean
mientras tanto apagaré la luna
y buscaré el sol adentro del árbol
que me pertenece
para que busques lo que siempre encontraste
en el Belvedere posible y final

enhebrar la hebra

para enhebrar la hebra la hembra
para no perder el punto el surco
para hilar la trama la entraña
para coser la malla la zanja
para hilvanar el tapiz la matriz
para bordar el tejido el suspiro
para tener pronta la costura la fruta
para que te pongas el vestido el paraíso
para lograr la textura la dulzura
para enhebrar la hembra la hebra

trueno

me caí en el trueno
nací espantada
aún sufro convulsiones
cuando la lluvia empieza desde atrás
tengo todos los tics
de los que sienten en crudo
con la piel descosida
ando a los tumbos
no doy dos pasos sin sentir
mi vulnerable diapasón temblando
el peso de mis pesados pensamientos
el plomo de días y noches
el irme quedando
en este contrapunto
de lluvia y tormenta
de suavidad y dureza
soy de las que se levantan sin andar
doy pasos de nada
caigo una y otra vez
pero no avanzo
en esta pasmosa agua seca
estéril música muda
muero espantada
el trueno cae en mí

pátina

por tanta lluvia
se resbalan las palabras
caigo en la pátina de los días
el pozo más profundo
está en la alquimia de mi estómago
las teclas están todas
pero se perdió la música
llueve un poco más en el lado izquierdo
pero compruebo
un latido oculto
persistente
ganándole a la lluvia toda el agua
de mi melodía más húmeda

mujer agramatical

agujeros negros
colapsados huecos
voy a tientas por las fibras del árbol
que me espera sediento
de savia y sangre fresca
tengo en el hueso la respuesta
moradas las ideas
crepúsculos colados
en lo hondo de mis ojos
ahora puedo dártelo todo
soy la mujer que rompió
la sintaxis de su cuerpo

Lady Titanic

tengo la maldición del Titanic
y un iceberg en la garganta
me hundo en el hielo del infierno
nunca fue tan helado el fuego
te presto mi barco en trozos
o te doy un pedazo de mi glacial
ser juez y parte
del trayecto que no vuelve
en el viaje más triste
de la nave más loca
soy Lady Titanic
la que nunca se iba a hundir
en sus majestuosos hierros
ahora tengo clavado
el púrpura hastío del náufrago
entre mis cejas de insecto cleptómano
no volveré jamás
a navegar los mares
estaré por siempre ahogada
en el espejo que me atravesó
tengo la tragedia del Titanic
y un iceberg en los ojos
me hundo en el infierno del témpano
nunca fue tan caliente el hielo

dérmica

ya me envolverá mi piel
en el epicentro gritarán mis dedos
llevaré el féretro sin cadáver
ya descubriré el misterio
de cantar notas sin aire
ya no pedirá espera la amortajada
encontrará cobijo en la corteza untuosa
ya las abejas callarán su zumbido quieto
dejarán de respirar las flores
ya se ahorcarán las sogas

mi versión

La jaula se ha vuelto pájaro
Alejandra Pizarnik

el pájaro se ha vuelto
jaula y no puedo quitar mis pies del piso
estoy anclada sin poder
volar
encerrada en esta prisión de alas
no puedo elevarme ni un
centímetro
y en esta quietud pasmosa soy mi propia
jaula de pájaro

escupo las palabras

escupo las palabras
salen de mi boca
se escapan
desaparecen de mi vista
y entonces
las siento
por primera vez

criaturas del espejo

escribo dentro del espejo
salen criaturas a visitarme
ese insecto que durante años
devoró mis entrañas
ese árbol que expandió sus raíces
por las sílabas de mis palabras
esas piedras que se juntaron
a la orilla del río para ahogarme

camino de palabras

voy por el camino que trazaron las palabras
sigo sus huellas plagadas de imágenes
frutas y metáforas
mastico los pedazos jugosos
que se han caído sin querer
y saboreo un trozo de poema
soy un caminante y las palabras el camino
sigo sus huellas cargadas de símbolos
vegetación y sonidos
devoro los trozos suculentos
que se han caído sin saber
y degusto un pedazo de verso
soy un caminante y las palabras el camino

almuerzo sobre la hierba

sobre *Le Déjeuner sur l'herbe*,
de Édouard Manet, 1863

almuerzo sobre tu hierba
almuerzo campestre
sobre tus flores viscosas
almuerzo sobre las diagonales
de tu paisaje interior
almuerzo al aire libre
sobre tu arboleda fotográfica
almuerzo desnudo
sobre tu ombligo sin enaguas
almuerzo mágico sobre el mentón
de tus pétalos de azúcar
almuerzo de los rechazados
en el jardín de tu pubis
almuerzo de durezas y blanduras
en las flores de tus labios
almuerzo de pantorrillas enlazadas
en el racimo de uvas
almuerzo de brillo
en tus ojos como duraznos

almuerzo de brazos
en la canasta de frutos y semillas
almuerzo en carne viva
en las raíces de tu vientre
almuerzo de euforias
en los bolsillos de tus nalgas
almuerzo dulce y ambrosíaco
sobre el césped de las delicias
almuerzo vivo en el núcleo caliente
de comidas que saboreamos
almuerzo primordial en las horas
que jamás atardecen en tu pecho
almuerzo definitivo en el choque
de árboles encadenados hasta el hueso

el poema azul

sobre *Der Blaue Reiter*, de Wassily Kandinski,
despúes de mi visita a Murnau

el poema azul monta a papel blanco
sobre el pasto verde
de la imaginación

hay algo profundo y móvil
cuando el poema azul
deja azules palabras
sombras y espejos
que galopan por las hojas de hierba
de la imaginación

hay algo misterioso y hondo
cuando el poema azul
traza azules palabras
puntos y líneas
sobre praderas sin tiempo ni espacio
de la imaginación

costuras

es uno de esos días
lo siento en el estómago
el poema quiere salir
tiene deseos de zurcir alas
tiene ansias de tejer la mirada
tiene pulsión de hilar versos
lo siento en las vísceras
el poema quiere partir
tiene sed de agua poética
tiene ganas de ser náufrago
tiene impulsos de cometa
es uno de esos días
el poema agazapado
en su escondite
y en mis manos
el hilo de la memoria
las claves de un verso que perdí

la puerta de la música

soy la pequeña piedra
que no deja de rodar
por la canción verde y ágil del aire
tengo puestos los pentagramas
en la puerta de la música
para que pases a visitarme
mi casa tiene más ventanas que cepos
estoy levantada con el sol
el horizonte duerme como un niño de raíces
el bosque se escucha más pleno
cuando desata sus pájaros
te entrego esta flor
que me nació en el vértigo del deseo
otra manera de decir que vengo
cargada de árboles inquietos

PARTE II

por qué escribo

escribo porque anochece y llueve
escribo porque las palabras nómades se avientan
escribo porque soy sonámbula de voces
escribo porque llevo esta pesada carga
escribo porque las voces me dicen insensateces
escribo porque en la noche se siente más
escribo porque tengo muchas palabras y poco papel
escribo porque mejor escribir que callar
escribo porque las palabras tienen vida propia
escribo porque mi cabeza necesita el centro del poema
escribo porque los sentidos me esquivan
escribo porque los pensamientos van en pegasos de madera
escribo porque siento los pasos de Baudelaire
escribo porque la imaginación hembra
escribo porque las palabras liban la aurora
escribo porque estos insectos en mis entrañas
escribo porque a Dafne le han crecido mucho las ramas
escribo porque el árbol está listo para escucharme
escribo porque la necesidad amamanta a la invención
escribo porque cultivo poemas a mis órdenes
escribo porque todo lo demás florece aire
escribo porque las palabras fluyen por mi mano
escribo porque la poesía sanalotodo
escribo porque el poema armazón maleable
escribo porque los versos sopor de arcilla

escribo porque mejor escribir que dormir
escribo porque las palabras atraviesan el espejo
escribo porque la canción intuye el ritmo
escribo porque me cuelgo de frases como lianas
escribo porque los poemas en su pentagrama de papel
escribo porque en la noche los vapores suben hasta mis ojos
escribo porque nunca el mismo río
escribo porque el agua guarda seres extraños
escribo porque los poemas se derriten
escribo porque la prisa no tiene tiempo
escribo porque yo aquí y tú allá
escribo porque nosotros en este espacio curvo
escribo porque el tiempo del poema
escribo porque el espacio de las palabras hondas
escribo porque los pájaros también componen su canción
escribo porque canto sin ser pájaro
escribo porque las ramas escuchan sus raíces húmedas
escribo porque los insectos caminan por mi espalda
escribo porque mi estómago entraña grillos
escribo porque el río fluye por mis pupilas
escribo porque de noche el poeta canta mejor
escribo porque el silencio también se escribe
escribo porque las vocales y consonantes se reúnen en las palabras
escribo porque de mañana no amanece más temprano
escribo porque de noche las luciérnagas crean adornos de luces
escribo porque las palabras tienen pies
escribo porque el poema se hace al andar
escribo porque el camino largo y el verso corto
escribo porque me crecen hojas en el pecho
escribo porque los versos abren la memoria

escribo porque el recuerdo y el olvido son lo mismo
por eso escribo

Índice